PROFUSION OF VIBRATION

愛と魅力を引き寄せる

波動百花

ShyShyこと

すのはらやすこ
春原靖子

波動百花ホリスティックカウンセラー

美しいものを観て美しいと感じ、美しい音楽を聴いて心が和み、良い香りに触れ心地よいと感じ、おいしいものを食べて満足し、居心地の良いところでくつろぐとき、人は幸せと感じます。

しかし、心が疲れてくるとその全てを忘れてしまいがちです。

ShyShyさんは素敵な感性の持ち主です。カウンセリングによりこれらの失われた思いをきっと取り戻してくれることでしょう。

そんなShyShyさんとの出会いが生きていく道標へと導いてくれることと思います。

『女性とこころのクリニック』
産婦人科医・精神科医
院長　安藤 義将

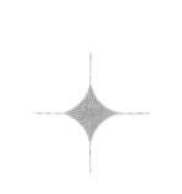

はじめに

ShyShyの世界

『波動百花ホリスティック』へようこそ

こんにちは。波動百花ホリスティックカウンセラーの春原(すのはら)靖子です。

わたしはとてもシャイなので、そして世界中の人が呼びやすいので、ShyShy(しゃいしゃい)と呼ばれています。

広告も宣伝も一切出さずに、わたしの波動百花ホリスティックカウンセリング※には、30年以上、世界中の相談者が途切れることなく訪れています。

ホリスティックという言葉はわたしの大好きな言葉ですが、とても深遠なる世界観があります。全体的・包括的・霊性も含む世界観があり、ちょっと難しく感じられるかもしれません。この本はわたしの『波動百花的に』誰が読んでも分かり易く、可愛らしいアイディアの花々が百科事典に載るように『百花』という素敵な言葉と共に作られました。どのページから読んでも、興味あるページからめくっても、あなたに響くように作られています。

わたしには幼い頃から不思議な感受性―みえる・きこえる・かんじるなど五感を超えた感性がありました。その能力はのちに、カウンセリングに活かされ評判になりました。

そして、その不思議な能力とともに微笑ましい論理力を得て、相談者の方が生き生きと、とても綺麗になっていくこともとても評判になったのです。

わたしの『波動百花ホリスティック』はまだ若い頃、音楽業界で活動していた時に始まりました。その頃のわたしには、相談された時に求めていたイメージがありました。あなたとわたしは対等な関係で、わたしはアロマやバッチ・フラワーレメディを紹介しながら、あなた自身は自己治癒能力を高めながら、悩みや問題を一緒に話し合っていく。そんなイメージでした。

それはすぐに行き詰まりました。相談者の心身の状態の悪さに気づいたのです。

眠れなくて食べられない人に、精神論を説くのはわたしの趣味ではありませんでした。

まず相談者の方の健やかな身体と感性を取り戻すために、持続可能な方法で作られたヘルシーな食材・水を購入してもらいました。家計と相談しながらちょっと取り入れていくだけで味覚が変わり、無理なく自然の美味しさを取り戻していきます。季節の草花を空き瓶にちょっと飾るだけでも、いつもの部屋がなんて豊かな空間に変わるのでしょう！

こうして五感を取り戻していきながら、同時に優しく論理的に今の状況や感情を整理していきました。メイクや洋服の色も変えて、気分や状態に合わせて、アロマやバッチ・フラワーレメディと呼ばれる花療法も試しながら、全体的にアップする頃には、誰もが問題に対して豊かな選択が出来るようになっていきました。

こうしてわたしの『波動百花ホリスティック』は試行錯誤を重ねながらも作られていきました。そして記載されてある事柄は、全て独学で学びました。

わたしはまた、暮らし方ひとつでも雰囲気が変わることを知っていました。いくつもの色や香り・音は語りかけてくれました。

大人になり、海外の国を巡るうちに『笑顔と愛』の尊さを、そして道端で花を売っている女性の隣をポルシェが止まるシーンなど、比較や差別になぜ？　という探求も始まりました。周波数の違いを身体で感じ、でも『愛や幸せ』は別のところにあるということも同時に解りました。そして雰囲気としか伝えられなかった感覚が『波動』という言葉だと知って、もっと詳しくお伝えできるようになりました。

この本はアロマの自然な香りとバッチ博士の花療法を結び付けて、ひとつずつわたしなりに、誠実さと愛情を込めて、波動や雰囲気の持つ世界を描きました。

表現されている論理は、ふつうに思えても当たり前のことではありません。

あなたの常識や日常に問いかけるメッセージをいくつも含んでいます。

五感を活かした超感覚と微笑ましい論理力、そしていくつかのホリスティックなエレメント（要素）で、ふわぁっと良い気持ちになるだけのアドバイスにイノベーションを起こしていけたらいいなと思っています。

あなたや誰かが困っている時、悩んでいる時、うつ状態の時に、この本は特に機能するでしょう。ペラペラとめくるだけで、目に映った言葉があなたの波動を自動的に調節してくれて、現実が変わります。

必要なページでうなずいたりするだけで波動は上がり、願っていたことが自然とすぐに実現していくでしょう。

リビングや職場に置いて、何かあるたびに見返してくれたら嬉しいです。

また『おわりに』のページに、スピリチュアリストのあなた、ホリスティックカウンセラーを目指すあなたに、とても魅力的に映るセッションのやり方の一例を記載しました。

誰かのために貢献したいあなたに参考にしていただけたら幸いです。

※『波動百花ホリスティックカウンセリング』… ShyShy 春原靖子が提唱する、素敵な場で、いくつかの会話から始まる、自然治癒力を高める持続可能な未来への取り組み。

新緑の朝　グランドピアノの前で

ShyShyこと、春原（すのはら） 靖子

contents

4 色の波動

5 アロマ（精油）の世界とバッチ・フラワーエッセンスの波動

6 魅力の波動

7 素敵な暮らしの波動

8 こころと身体のホリスティック

注　意

バッチ・フラワーレメディは基本的に口に含んで飲用しますが、アロマは基本的に口に入れないでください

1-1

仕事の波動

天職という波動

「天職」という波動、わたしは感じたことがありません。
「天職だと思います」と自分から言った人の充実した雰囲気は、テレビでもよく見かけます。とても鋭く真っ直ぐな想いだと感じます。
でも、その人が病気になったりリタイアしたりした後も、人生は続いていきます。
充実した雰囲気を覚えている人は、またその先のステージでも輝いて、別の「天職」を見つけることでしょう。

情熱と努力、という地に足の着いたコツコツとした日々なくして、天職は生まれないでしょう。そして世間が何と言おうと自分が天職だと思えれば、天職なんだと思います。
一方で、情熱と努力が無くても、夢中になれるモノやコトに出会えてすごく幸せ、という充実感があれば、それはその人の天職かもしれません。

最近は自主性を大切にするあまり、やりたかった仕事につけなかった……という、こころの想いを引きずって生きる人が多い時代になったなと感じます。
やりたかった仕事＝「天職」とデジタルに考え過ぎていませんか？

確信がない時は、アロマならジャスミンをコットンかハンカチに2滴付けて、バッチ・フラワーレメディなら自分の能力が信じられない時に使うラーチをカップに2滴垂らし、ゆっくりと口に含みます。色はきれいなブルーがお勧めです。

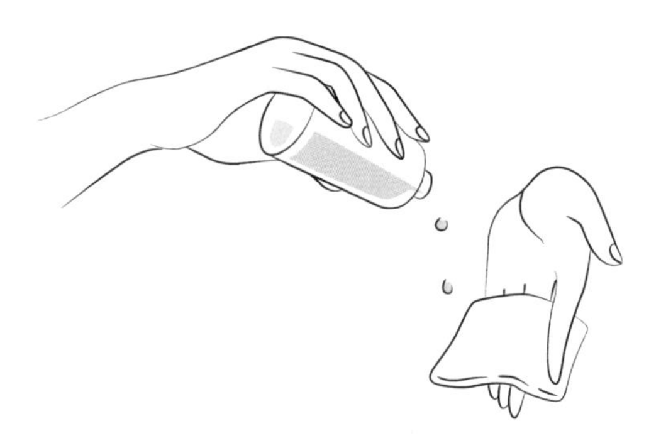

やりたかった仕事は自分の我だから、その仕事で成果を出すためには情熱と努力が欠かせません。やりたかっただけに挫折は強力に感じるし、気を取り直すたびにメンタルを強くしていかないと、納得できないんだと感じます。

もしあなたが与えられた仕事でも「天から与えられた仕事（天職）」と思って一生懸命に働いて、嫌なコトや人と出会っても、まぁ修行だな……とゲームのように構えて乗り越えていけば、きっ

とその先に充実感が待っていて、「天職」に感じられる日がやって来るかもしれません。

そう、安心してください。
あなたにも充実した時間は創れるんです。
真の我を追求するか？　与えられた仕事で頑張るか？　夢中になれる時間で輝くか？　またその他の道筋を追求しても、どのフィーリングを選んでも大丈夫。
満足感という、人生を生きる上でとても大切な時間の帯が、その時の「天職」なのかもしれませんね。

だから「天職」を探さないでくださいね。

1-2

仕事の波動

仕事をする時の波動

笑顔、それだけで運が上がりそうです。

仕事を頼みやすく、頼まれやすくするのも、笑顔の雰囲気のなせるワザです。

よく仕事を頼まれるのはイヤだなぁと思う人がいます。

でも、物事は循環している状態が生き生きとしているみたいです。

この仕事のキャッチボールが出来ると、仕事の波動が回り出します。

プロは普段は穏やかな人が多いと感じます。

いつまでも収まらない怒りやイライラは、こころがとても疲れます。そんな時はアロマならラベンダーやクラリセージをそれぞれ4滴、バスルームに持ち込んでバランスを取り、こころをホッとさせてあげましょう。例えば苛立ちによく効くインパチェンスというバッチ・フラワーレメディは、使用する価値があります。カップに2滴垂らして、ゆっくりと口に含み飲みます。そして枕元にネロリというアロマを2滴ティッシュに垂らして置き、眠りにつくまでにさっと切り替えてしまいましょう。

気が短く、イライラしがちなあなたにはこの全てが必要かもしれません。

楽しくて、嬉しくて、笑顔になるのは子供時代の反応です。

笑顔で「えがお」っていう筋肉を動かしてしまいましょう！

感情がどうでも、筋肉は動かせるんです。

大人の笑顔は実は筋肉運動から持続できるし、こころが伴っていなくても大丈夫です。

ぎこちなくても嫌な波動をまき散らすよりずっとマシです。

営業の仕事だけじゃなくて事務やクリエーターだって、やることをやったら笑顔に戻る。

そんな職場ならメリハリがついて過ごしやすいですよね。

そう思うあなたなら、始めてみてください。

最初はちょっと固まっても、仕事のうちです。

嫌な波動も伝染しますが、笑顔の波動はすぐに伝わるのが特徴です。

こころを愉快にするオレンジのアロマは誰もが好きな香りです。コットンに4滴垂らして嗅いでみたり、ハンカチでもいいのでどこかにオレンジ色の波動を身につけたりしましょう。そしてオレンジを食べましょう！　どうしても笑顔になれない時にはチコリーという慈悲のバッチ・フラワーレメディをカップに2滴垂らしてゆっくりと口に含みましょう。見返りも何も期待せずに笑顔を与

えられるようになります。

仕事があるだけ幸せ！　って思えるマインド、忘れないで欲しいです。

1-3

仕事の波動

人間関係の波動

これは別名『人生の修行の波動』です。

わたしは人生の修行には、特にユーモアのセンスが大切だと感じます。

クスッと笑えてしまえれば、その波動からは下がらないからです。

「はい。了解しました」の「はい」が小さい声でもキリっと言える。

注意されたら「すみません」が相手に聞こえるように言える。

シンプルですが、これは全て思いやりの構図で、波動が回り始める合図です。

なぜか自分の機嫌の悪い時に「なぜこんなことを引き寄せたんだろう？」と考えても仕方がありません。体調や機嫌の悪い時は、睡眠と食事に気をつけてくださいね。

そして相性というまさに修行の場もあるでしょう。

こんな時こそコメディ映画や面白い動画の登場です！

こころを悪循環に追い込んでしまうのなら、無理やり自分を笑ってしまう自分に追い込みましょう！

嫌味を言われてもユーモアで返すフレーズを覚える。他人には言えないけれど、嫌味を嫌味で返してしまうワザもお勧めです。みんな外国語を身につけるように覚えてください。そのうち相手は、手の内を知り尽くした良い対戦相手になってきます。もう怖くはなくなっているかもしれません。

もう笑ってしまう〜という原因を作ると、結果はゲラゲラ笑っているというシンプルさ。これこそ原因と結果の法則です。これさえ無気力になってしまうあなたは、たとえ美味しく感じられなくても、季節のフルーツ（イチゴ、スイカ、柿、みかん）などを食べましょう。そして優しく支えてくれる色の波動のベージュを生活に取り入れてみてください。無感動にはジャスミンのアロマを2滴ティッシュに垂らして嗅いだり、落胆のこころにはゲンチアンというバッチ・フラワーレメディをカップに2滴垂らしてゆっくりと口に含み飲んだりしましょう。

もしもあなたに出来ることがあればやってあげてください。そして苦手なことは誰かに頼みましょう。頼まれた人は出来ることならやってあげてください。

ほら、未熟なわたしたちが助け合って仕事をする、良き雰囲気が回転していますね。

これが「愛情ある職場」の波動です。

職場の雰囲気を変えたいなら、いつもあなたも貢献しましょう。
愛のある行動をする時、自然とあなたは愛されるのです。

1-4

仕事の波動

振る舞いと効率の波動

ハキハキとした振る舞いは、速いスピードで効率をもたらします。

あのぅ〜、えーっダメですかぁ〜という口調、上目線でサッと見てため息をつくのも急激に波動を下げてしまいます。振る舞いと効率は、こうした加減で良くも悪くもなっていきます。

自分が良いお手本になれるように感心できる場所（例えばホテルや、評判の良いクリニック、お稽古ごとも綺麗な所作を教えてくれます）へわざと身を寄せるのです。低くなっていた波動も、何もしなくても高くチューニングされるところが魅力ですね。色は紺や黒に白の組み合わせ、柄はストライプがお勧めです。お水もいつもより飲んでみてください。身体の循環が良くなると思います。

頭脳を明晰にするにはローズマリーをお勧めしますが、このアロマ単体では香りがきついので、ペパーミントを1対3の割合でブレンドしてみてください。スッキリとしてくるはずです。

もうおわかりだと思いますが、効率アップとかかげる以前に、振る舞いを整えていけば、おのずとテキパキとした空間や波動が作られ、効率は良くなります。

丁寧な優しい所作が求められる職場で働いているなら、動物の動画とジャスミンをお勧めします。

人間のそばにいる動物は、特技が無くても限りなく優しくそばにいてくれます。見入ってしまうほどに波動はチューニングされ、その後は意識しなくても、優しくそばにいる波動になります。

一方ジャスミンは、人を助ける仕事をしている人々のエネルギーをよみがえらせ、活性を取り戻してくれます。

家族や自分自身の充実のために惜しみない愛情を注ぐように、仕事でつながる人々のために、惜しみない助け合いや、雰囲気を高める役割を誰もが担う職場が、これからどんどんと求められるでしょう。バッチ・フラワーレメディなら慈悲のチコリーをカップに2滴垂らしてゆっくりと口に含み飲みましょう。

離婚の割合が高くても、わたしたちは一生懸命に、家庭の愛のある振る舞いに反映させていくんだと思います。仕事の鏡は家庭の鏡。どちらがいびつになっても、効率のいい反映は叶えられなくなります。

これからは家族を犠牲にする働き方は是正されるでしょう。

家族の振る舞いは、愛だけでつながれていて、効率化させると破綻しやすいからです。

1-5

仕事の波動

転職という波動

転職という波動は、軽やかにすみやかに、という感じがします。
転職を繰り返している人に向けられる視線には、いかがなものか……という風潮がありました。
確かに我慢できないということは、他人にわがままと捉えられます。
もちろん仕事は責任と覚悟を持ってやっていただきたいという想いはあります。
その上での話ですが、直感的に合わないと感じた時は、「経験値」を持って転職するのはアリだと思います。
バッタのように、軽やかに飛び回るのも、能力のうちのように感じます。

関わる人たちの雰囲気が良いかどうかも、仕事を続けられる目安になっていくと感じます。
従来のお給料がいいから、誰もが知っている会社だから、という考えは会社を選ぶ目安にはなっても、続けられるかの目安ではないからです。
雰囲気の良い職場は自分を満たしてくれるからです。
今の職場でそれが叶わないと思ったら、さっさと逃げるくらいに人生は短いのです。

もっと自分の可能性を高めたいと思って転職するのであれば、今の職場で充分な経験を積んだという自負のもと、すみやかに次の職場に移るのがいいですね。

次・次と、仕事の歴史を重ねても、豊かな経験が続き、人生がいろどられます。

一番やっかいなのは、恐怖から転職を願う波動です。

人間関係の複雑さに耐えられない、責任の重荷や仕事のプレッシャーに潰されるかも。

こういう感情に日常を支配されている時は、転職の判断は後回しにして、自分のバランスを取りましょう。アロマではゼラニウム4滴のアロマバスを、バッチ・フラワーレメディでは、自らの直感を信じられるようになるセラトーを2滴垂らして、ゆっくりと口に含み飲みましょう。

そうして自分のこころを整えたら、素直なあなたの直感でいいんですよ。

誰もあなたを責めません。

睡眠不足では物事を判断するこころの気力がありません。質の良い睡眠のアロマはマージョラム・ラベンダー・ネロリ。そして季節の果物（イチゴ、スイカ、柿、みかん）などを食べましょう。そして水を多めに摂り代謝を良くしましょう。直感が冴えるはずです。

2-1

恋愛と結婚の波動

恋愛の波動

恋愛の波動は華やかです。

いちずに思い詰める純愛のような恋愛。遊びで蝶のようにひらひらした恋愛。この他にもたくさんの種類の恋愛があることでしょう。いずれもその先の目的が『結婚』。

ジェットコースターに乗っている気分の波動は、アロマなら魅惑的なジャスミンやイランイランがお勧めです。ティッシュに2滴垂らして香りを嗅ぎます。価値のある自分をうっとりとさせてくれる香りです。ビビッドなピンクや黄色がお似合いです。

不安を強く感じている時はネロリやバラが慰めてくれます。誰かに相談したり、恋愛の本を読んだり、成長する波動の時期なんです。薄いピンクやオレンジ色が守ってくれます。

小悪魔的な魅力で駆け引きをする恋愛でバランスを崩した時は、バッチ・フラワーレメディのスクレランサスを試してみるのはいかが？　2つの物事の間にいる人に、直感からくる確信を持って、正しい瞬間に正しい決心が出来るよう整えてくれます。カップに2滴垂らしてゆっくりと口に含み飲みましょう。黒や紫色はやめて、白が仕切り直しに良い色です。

いちずでひたむきな片思いも素敵です。好きなピンクの色でOKです。

成就しない代わりに破局もしない恋焦がれる想いは、映画スターやアイドルへの見つめ方に似ているところがあります。いずれは、パートナーと一緒のところを見ても微笑ましくいられるのなら、長期間のファンとして、穏やかな波動へと変化するでしょう。

わたしがあなたにお伝えしたいことは『やつれないでね！』と

いうことだけです。

恋愛を何十回しようが、修羅場を幾度かいくぐろうが、応援します。

そのためにも、メーカーは問わずに『パック』を10枚は買っておきましょう。

破局の時はとにかくパックです。お肌の艶に、チークはマストでほどこし、唇もリップクリームで艶々にします。こうして最低限の身だしなみを整え、バッチ・フラワーレメディのレスキューレメディを携帯すれば大丈夫。逆に、ボロボロに恋愛やつれをしている人をふと見ると、綺麗にしてあげたくなってしまいますよ。

後悔をひきずるのも恋愛の醍醐味です。あの時こうしていれば……と過去ばかり振り返れるのも恋愛の特徴の波動です。こころは効率よく進まないのです。

2-2

恋愛と結婚の波動

結婚・離婚の波動

さあ、わたしたちの今の結婚の波動は、ダメなら次！　と感じます。

結婚式では永遠の愛を誓うけれど、どうしても違ったら次！　というほど、スピードの速い世界にわたしたちは住んでいます。

わたしは相談にみえる男性・女性ともに、離婚をするのなら今より必ず魅力的になってくださいね！　とお願いしています。具体的にヘアメイク・服や色・夢の実現化・栄養・水・睡眠などをお伝えしています。色は再婚を見据えて、ブルーや、あえてピンクをお勧めします。

結婚という約束を守るにしても、離婚という新しいステージに行くにしても、やつれたらダメなんです。泣きつくした日々があっても、コロっと起き上がり身支度をして、何食わぬ顔をして歩き始める強さが求められている波動なんです。そんな時のために、誰もがオシャレな1着を買っておきましょう。

子供のいる離婚では、子供がダメージを受けます……とは一概には言えない時代にもなりました。子供もまたスピードの速い世界に住んでいて、受け入れるスピードも速くなっているからです。ただ、家族という、こんなに衣食住を共にする修行は他に無いので、やはり添い遂げて欲しいな……という個人的な想いはあります。

一方で人生100年時代を迎えて、魅力があればいくつになってもパートナーは見つかるでしょう。知識と経験は魅力のひとつです。事務職をやっていました、ではなく、その仕事の興味深かったことや改善提案を語れる時は、波動が高く粒子がキラキラしているので、とても魅力的に映ります。趣味の話題もキラキラしながらおしゃべりできますよね。なにも悲しくて苦い経験を、赤裸々に話さなくてもいいんです、終わったことですから。

そして大切な話をします。この国は大きな矛盾を抱えています。

少子化問題です。赤ちゃんが欲しい人がたくさんいる一方で、若くて、また事情を抱えていて生むことを断念した女性たちの多さ。子供はモノではなくて自然から授かる命だということを、海外では法的に取り入れている国もあるんです。基本的にどの病院・クリニックでも、それらの国は内密出産が国の負担により可能になったそうです。

自然の恵みを抱きしめる国になるために、あなたのこころに問いかけてみてください。

2-3

恋愛と結婚の波動

不倫の波動

不倫の波動は、気配りがきくことと、忍耐強さの、日陰に咲く可憐な花のようです。

わたしの趣味ではない、と感じながらも、若い頃から人生の節目にお世話になった方々は、不倫をされている方が多かったのです。人間関係を測る距離感や気配り、気遣い、今をどう生きるのか、などなど斬新でとても印象に残っています。

「他人の旦那さん・奥さんを奪って……」といった表現が昔からされてきましたが、そもそも旦那さんも奥さんも、パートナーの所有物ではありません。パートナーがいても他の人がいいと思った、だけど離婚は決意できていない。パートナーには情愛を感じていて添い遂げたいとは思っているけれど、一度の人生に他の異性ともお付き合いしてみたい……という結婚の波動の変化があると感じます。良い悪いではなく、そんなことも含めて、それではわたしたちはどう歩めばいいのか？　スタイルをどう変化させるのか？　その話し合いも『結婚』という中には入っていると感じます。

不倫という世間秩序外の身でどう生きていけばいいか、ということを考えさせられる人も、人生の修行の波動の時期だと思います。出会ってしまって避けられない間柄は、波動が惹き合っているんです。そこから双方がどういう道のりを行くかは、二人で誠実に考えることですよね。

あなただけが悪者ではありません。バッチ・フラワーレメディのホリーというレメディは苦しみや否定、欲求不満に陥っている時に使用すると良いレメディです。カップに2滴をゆっくり口に含み飲みましょう。

どんな形の恋や愛にもピンクは素敵に映ります。ファッションも楽しむ個性的なあなたは、苦しむ時が多いだけに、お稽古ごとや趣味の充実をはかりましょう。自分を否定しないで生きていく、その輝きに魅力を感じる人も多いはずです。季節の果物に加え、季節の青菜・魚介類を外食の時に楽しんでくださいね。

よくある相談なのですが、妊娠がわかったら、自分ひとりで決めて、モノのように手放さないで。不倫といえど、縁のある人との命です。育てられなければ、育てられる愛のある人たちへ、命の輪を循環させていくのも『ひとつの愛の形』じゃないでしょうか。

2-4

家族の波動

この頃は子供だけではなく、ペットも家族として認められてきました。

本当にその通りだと感じます。いい流れになりました。

残念に思うのは、まだまだ異性婚だけが結婚であり、夫婦別姓も行き詰まっています。人の数だけ事情があるのだから、『愛』の形もいろいろ認められるといいですね。

話しかけてなついてくれて、愛情を交わすのは実はペットだけではありません。

植物も、そして機械も、本棚、食器、小物、そして空間もそうなんです。

それぞれが固有の波動を持っています。なついてくれるし、今日もご機嫌でそばにいてくれるもの全てが、波動百花ホリスティック的に言えば『家族』なんです。

お手入れしてあげて自慢すると、嬉しそうな波動を返してくれますよ。

子供が親の面倒をみたいけれど、みられない現実も、これからの家族にあると感じます。親として寂しいと感じる前に、お気に入りのものを大切にしましょう。

悲しい現実として、まだまだペットと一緒に死ぬまで暮らせる

人が少ないのです。

それならお気に入りのパジャマと『愛』を交わして可愛がってあげましょう。

なにも、子供や孫にご執心にならずとも、アボカドの種も芽を出すんですよ。

家族に感謝するように、こんなに四季折々の美しい国に住めたことを、感謝したいですね。わたしたちが何もしてあげなくても、名前も知らない木の花は毎年咲いてくれます。大自然の息吹に目を向けた時に、感謝と同時にこころから愛しいと感じるこころがいいですね。

親にならせてもらった時点で、未熟な自分が再スタートするので、いくつになっても子供に育ててもらう気持ちでいたいですね。そして子供が親を躾けるんだ！　という気持ちで、理不尽なことを言う親へ、子供が教えてあげるのも、とても良いことなんです。

家族は親が支配するものではありません。ついつい過干渉になってしまうあなたは、バッチ・フラワーレメディのチコリーをカップに2滴、ゆっくりと口に含んで飲んでみてください。無条件の愛を知ることをサポートしてくれます。

2-5

恋愛と結婚の波動

ひとりという波動

最近『ひとり』という言葉がある動画や、60歳以上のひとり暮らしの雑誌をよく見かけます。

面白いテーマだなぁと思うのは、今日現在！『ひとり』というだけです。

まるで『ひとりで生きていくひと』のような扱いで、どうしたらそうなるんだろう……？　とユニークな気持ちになります。きっとそのスタイルに共感される人が多いのですね。

わたしから見れば、ずっとひとりだったというスタイルは、死んだ時に確定されることで、『ひとり』は明日どんな出会いがあるかわからない、魅力的な波動だと感じます。

そんなことを言ったって、ずっと出会いなんて無かったし、これから先も〜という声も耳にします。早まってはダメ！　たかが今までご縁が無かったというだけです。初婚が60代、70代という時代の幕開けです。波動が全く違うのです、これからは。

魅力的という波動は、ただ生きていてもそうならないのです。群れになって泳ぐ魚の1匹が魅力的……になるには、誰かに喜ばれる人になるのはどうでしょう。

お料理が好きな人は、おにぎりとお味噌汁だけでも、ひとり暮らしの人に振る舞ったら喜ばれると思います。おせっかい、という言葉は今もまだ残っているのかしら？　そんな自然な成り行きの果てに、未来の伴侶が待っているかもしれません。

ひとり暮らしを充実させるには……というテーマは魅力的でも、自分を充実させるよりも誰かを（動物でも植物でもいいんです）笑顔にする方が、ずっと魅力的に感じます。現在ひとりなら、時間をやりくりできますし、もらうことよりも与えることは、素敵

な愛の波動のひとときです。

それこそ自分探しをして、自分らしいことを見つけて、誰かを笑顔にする毎日なら無理なく続けられると思うのです。その道のプロじゃなくてもいいんですもの。

懐かしい昔のあれこれをお話しするだけでも、うなずいてみなさん笑顔になると思うんです。お茶だけでも充分なひとときです。楽器が弾ける人なら、昔の曲を弾くと、誰もが口ずさんで涙が出るかもしれません。

今はまだひとりならば、笑顔をみんなに与えてあげてくださいね。

3-1

愛の波動

大きな愛の波動

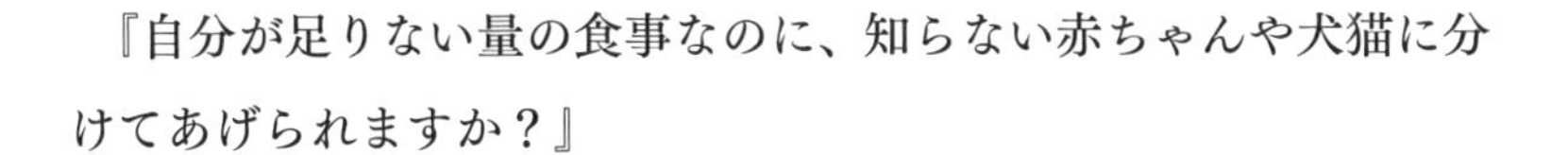

『自分が足りない量の食事なのに、知らない赤ちゃんや犬猫に分けてあげられますか？』

『居心地の良い部屋の中から、嵐の夜を、傷ついた足を引きずっている老人・子供・馬や家畜・犬や猫・バッタや昆虫たち・倒れかかった木などを見かけたら、傘もささずに駆け出せますか？』

心が乱れたら、この2つの場面を思い出して欲しいのです。

どこを見つめていると、そんな優しい気持ちで生きていけるのでしょう。

とても内気で、友達もあまりいないような人でも食べ物を分けてあげると良いでしょう。

振る舞いが悪くても、魅力的じゃなくても、駆け出せればいいんです。

大きな愛の前には、その他の要素はいりません。

わたしさえ良ければ、うちさえ良ければ、人間さえ良ければ、というのが低い愛の波動です。

わたしも、わたしの家も大切だけれど、もっと高いところから見直してみよう、と思った時点で波動は高くなります。そして自分が『ただする』人になれるでしょうか。全身からとても暖かな粒子がふわっと果てしなくつながるイメージです。

こうした大きな愛の波動を忘れているな……と感じたら、自分の居心地の良いスペースで目を閉じて、深呼吸をしながら、自分の食事を赤ちゃんへ、犬や猫に分けてあげるイメージを観ましょう。手のひらや手先が温かくなる感覚です。

そして、今度は嵐の中、傘もささずに駈け出していく自分の分身を観ましょう。
ただ走っていく感覚です。

面白いことに、あなたにはもう出来る準備が整っているんです。
全く同じ場面ではなくても「食物を分け与える」こと、「駈け出していくこと」が大切な場面として、どこかに保存されているんです。
それを『する』ことだけが、かけがえのない『愛』です。

『嵐の夜』は大地震だったり、ウイルス、戦争だったりするかもしれません。
『大きな愛』の前にはあなたのビジュアルや、性格、コンプレックスなど、どうでもいいことです。
何度も読んで欲しいページです。読み飛ばさないで欲しいページです。

3-2

愛の波動

愛する波動

愛されるよりも、愛する波動の方が大切だと感じます。
この世界は、愛する対象のモノやコト、生きているもの全てに、愛が必要だからです。
わたしたちは見返りのある、条件付きの愛に慣れてしまっています。
傷つきたくないからです。

そんな自分を見つけてしまった人は、さざ波などの自然界の音を聴いてください。ゆっくりと休憩が必要でしょう。アロマなら高価ですが自分を癒やすバラや、意識をオープンにしてくれるサンダルウッドを4滴、バスタブに垂らしてみてください。そしてバッチ・フラワーレメディのスターオブベツレヘムをカップに2滴、ゆっくり口に含み飲みましょう。ショックな状況を思い出す時には、それをきちんと観ることが大切です。このレメディは穏やかにそのサポートをしてくれます。

愛することが出来ないんです、という人は、本当はこの世にいません。
ひとりでこの世に登場したあなたは、愛される見返りも約束されていませんでした。
暖かな毛布も服も、生きるミルクでさえも持たされずに生まれてきました。
　ひとりでは泣くこと以外出来ません。
　幼い記憶は覚えていないけれど、誰かに愛されて大きくなったことだけは明白です。

　あなたに出来る精一杯の恩返しは何でしょう？　誰かを、何かを、愛することです。
　いとも簡単な論理ですから、出来るんです！

　人を愛せなくてもいいと思います。
　裸のあなたが生息するための気温も含め、環境が良かったのかもしれません。

裸のあなたに添い寝する犬や猫の動画はたくさん観て来ました。恩返しをする対象は人に限りません。

でも、少なくとも誰かにミルクを飲ませてもらって、栄養をもらって、水も飲ませてもらって今があるということも覚えておいてくださいね。

相手が人間だとダメだと感じる人は、殺処分寸前の動物を飼って、愛してあげることも出来ます。

地球温暖化を止める何かのアクションをして、地球を愛することも出来ます。

大丈夫、出来ますね、愛することを。

本当は愛することの方が自然なんです。

3-3

愛の波動

積極的に愛する波動

誰かを、何かを、積極的に愛する波動は、湧き上がる想いで止められない波動です。

ハードルが高ければ高いほど、強靭な波動に固定されていきます。

結果的にかなわないとしても、この波動は誰にもダメージを与えず、本来は挫折を味わいません。こころは傷つく時間帯があっても、人生において決して後悔する波動ではないと感じます。

新鮮な季節の食べ物、水、自分のスペース、誰か（モノでもペットでも自然でも可）に相談できる、いろいろな色に囲まれている、そんな中で愛を感じられていますか？　波動百花ホリスティック的に捉えると、これらが極端に偏っている場合、それは愛ではなくて『欲』に変化したりします。

どうして環境や食べ物など五感が満たされていることが大切なのでしょうか？　それは満たされていないと、愛に飢えていて、どうやって愛や注目を得られるのかを、常に考えてしまうからです。切ない愛にひきずられそうです。そんな時にはバッチ・フラワーレメディのチコリーかスターオブベツレヘムをカップに2滴、ゆっくり口に含み飲みましょう。自分に自信が持てたり、見返りを求めたりせずに、平和や明るさを感じられるようになるからです。

そして脳にダイレクトに届く香りも大切です。愛する波動の香りはバラやジャスミンを嗅いでみてください。過去の許せない事柄も許せる波動に変化させるのはグレープフルーツやイランイランという香りです。是非、一度試してみてくださいね。

色はピンクや水色、ブルー、生成りやベージュ、黄色やオレンジもいいですね。参考にしてください。ストライプの柄は判断す

る波動があるので、この時期はお勧めしません。

積極的に愛する準備が整ったら、リラックスして何も期待せずに過ごすことです。

『タイミング』という大切なサプライズの波動を信頼しましょう！

五感を整えて、身のまわりから愛せる何かを集めましょう。

自分の周囲が愛するもので一杯になる頃には、誰かを愛せるようになります。

張り詰めた『欲』ではなくて、音楽や香りのような純粋な想いが溢れるイメージです。

想う誰かに愛されなくても、そんなあなたの存在は、誰もが憧れる柔らかさをまとっています。

3-4

愛の波動

ビジュアルを整えて愛される

ビジュアルを整えることは、日常において愛される秘訣です。

愛されるためには、余計な心配を周囲の人にさせないことです。いつも爽やかな笑顔や、キラキラしている波動に整えなければ、大人としての気遣いが足りないと思うんです。でも機械じゃないので自然体では無理なんです。そこでヘアメイクの力を上手にプラスするのが、これからの男女マストの波動だと感じます。誰でも大切に扱われたいし、愛されたいんです。

例えば、チーク（ほお紅）は生きているしるしなんです。顔に生気があるだけで、いつも通り元気だなと周りの人たちに安心感を与えます。この気配りだけで毎日愛されます。笑顔が輝くのも生気がある人です。淡い色で充分なので、ほおの高いところからそっと、太い頬紅用の筆で軽く地肌まで撫でます。

そして運を上げるための波動は、髪の艶と肌の艶です。

例えば化粧品のオリーブオイル１滴を両手でなじませ、片手分で肌を、残りを毛先になじませるだけです。次に『肌や髪の艶を出したいのですが』とお店で聞いてみましょう。化粧品やムースなどご紹介があるでしょう。どちらもドラッグストアで買えるのがいいですね。

ちょっとした工夫で運をつかみ、愛される人でいることが必要

なんです。

肌にも髪にもその年のトレンドや季節のムーブメントがあります。

歳を重ねると、肌も髪質も変わっているのに、ヘアメイクだけは若い頃のまま……という方が多いのも、諸事情でわかります。

鏡の前で『今の自分』との対話が無くなってきているんだと思います。

これはオシャレが面倒になったから、というだけではなく、自分のこころとの対話が知らず知らずの内に『悩みだけ』と『愚痴だけ』になってきているんだと思います。

歳相応の美しさは内面から〜は時代遅れの波動です。

いつでも『今』の流行を取り入れる気合！　さえあれば、服もメイク道具も、情報さえあれば、驚くくらい手に入りやすい価格で探せます。

楽しくってたまらない若いあの頃の波動が戻って来ます。

自分に自慢が出来ると、自分自身を愛せるのです。

いくつになってもビジュアルは大事。

波動百花ホリスティック的には、食べ物と同じくらい大切な要素なんです。

3-5

愛の波動

若々しく
愛される波動

日本ではあなたの役割が決まっています。

ひとりの時は名前で呼ばれることが多く、結婚して子供の親になったらお父さん＆お母さん、そしてオジサン＆オバサンになります。このお父さん＆お母さん、オジサン＆オバサン時代に多くの人がぐっと老けるように感じます。

いくつになっても『男』と『女』なのは変わりません。でも役割で自分の波動が変わってしまうのは避けたいものです。

いい男がいないからいい女にもなれない、逆もそうですが、よく聞くセリフです。

わたしの考えるいい男＆いい女とは、役割に左右されずに『個』が輝いている人です。

自分が同意していないくくりで老けないためには、アロマならジャスミン・ネロリ・イランイラン（フローラル調）、サンダルウッド・シダーウッド・クラリセージ（ウッディ調）のどれか1つ、または2つをブレンドした2滴にゼラニウムかラベンダーを1滴合わせ、ティースプーン1杯のホホバ油に入れるだけで『個』の波動が輝きます。首のうしろや毛先、そして脈拍が感じられるところにささやくくらいにつけます。

バッチ・フラワーレメディのオリーブはピュアなエネルギーと

深く関わっているので、カップに2滴をゆっくりと口に含み飲みましょう。どんな過去があっても明日や未来は新鮮です。同じことを繰り返しているように思えても、感受性や思考が変わってくれば、感覚全てが新しい波動になるんです。

どの役割で呼ばれようとも『わたしはわたし』です。パートナーがこの世で一番綺麗で、一番格好良く見える努力を、お互い惜しんではいけません。初めに価値観が違うのは当たり前ですが、わたしは少しずつでも近づける努力をする方が好きです。そして子供の用事だけではなく、いろんな場面を一緒に味わって欲しいです。『体験』というお金に換えられない思い出を、一緒に増やしていく相手がいいですね。

若々しく『愛される波動』は実はシンプルです。

サスティナブル（持続可能な）という言葉を調べてみましょう。世界は今この波動です。

感謝の気持ちと喜び、そして満足感。旬のものを食べ、季節の草花を愛でる。

このような場面を多く持つだけでも、自然と若々しく輝きます。

4-1

色の波動

白と黒の波動

白と黒は混じり気のない毅然とした波動に感じます。
白が一番輝くのはウエディングドレスでしょう。そして黒もまたタキシード姿に代表されるように、格式が高い雰囲気に用いられます。このふたつの色に身を包むと、別人になれるのは、こうした色の波動のマジックのおかげです。

この結果を重視して、大切な発言を聞き出したい時（例えば面接・プロポーズ等）は、相手に綿の真っ白なシャツやブラウスを身に着けさせたらいかが？
下ごころを持つ発言が出来なくなるからです。
逆に自分を高く見せたい時（商談・ホテルのチェックイン時など）は、黒に金のアクセサリーをして振る舞うのも、ひとつの手だと思います。

そしてクリーニングされた白は、疲れている時こそ一番に取り入れて欲しいんです。フレッシュな波動を感じるアロマのレモンを携帯して、時々香りを楽しんでください。白・黒は揺らがない波動なので、これらを着て自分を酷使したり、限界以上のエネルギーを出さないでくださいね。白と黒のストライプの服を着る時は、いつも以上に背筋をピンと張り詰めて、格好良く短時間がお勧めです。

白や黒を着る時は、バッチ・フラワーレメディのオリーブをカップに2滴入れて定期的に口に含み飲むことをお勧めします。レモンとオリーブは、疲れていることさえ忘れさせてくれる組み合わせで、とてもお勧めです。

大人の男女のたしなみには、アロマのサンダルウッドやジャスミン、バラが上品ですし、どれか一滴を手によくなじませて毛先に添わせるだけでも充分です。

混じり気のない波動を利用して、自分の未来の設計を考えたり、仕事の夢を語ったりするのも、白・黒を身に着けていれば出来や

すいことです。

　そして、どうしてもの時に、優しい嘘をつくのなら、真っ白ではなく生成りやアイボリー色がお勧めです。

　黒は黒でも大地の黒といえば、これから世界ですごいスピードで、無農薬化が進められていきます。黒の波動の中から、世界中の食べ物を育む母性の豊かさが戻りつつあります。

　白の雪に覆われても、無肥料で育てられた命は春の息吹の中、元気にすくっと立ち上がります。黒が母性に包まれて、白が休む時間に充てられるのは感慨深いことです。

4-2

赤の波動

赤は意志の強い戦闘、そしてアピールの波動です。

ジャケットやアクセサリー、バッグを赤に変えるだけで、自分の中からアピール力が湧いてきます。可愛らしいアピール力も備わっています。

波動が意志の強さを強調する場合、アロマは2パターンをご案内できます。

あなたをアピールする力がある香り（サンダルウッド・シダーウッド・パチュリー）、これらのどれでもいいのでホホバ油10mlに15滴用意して、そこにクラリセージかラベンダーを最高5滴まで加えてみてください（シダーウッドは妊娠中には避けてください）。男女ともに使える原生林（シプレ調）からの贈り物の香りが生まれます。自分の好きな香りにプラスするだけなので、ブレンドしてる！　っていう気分にさせてくれます。

また媚薬（相手をこちらに惚れさせる効果のある香り）としてネロリ4滴・ジャスミン3滴・ラベンダー3滴、マンダリン5滴を10mlのホホバ油にブレンドしても素敵です。

赤を身に着けるあなたを、より魅力的に輝かせる波動は、ワイルド・オートというバッチ・フラワーレメディです。カップに2滴垂らしてゆっくりと口に含み飲みましょう。たくさんの物事の中で何を選んでいいのかわからない。自分にはやるべきことが、特別な使命があるのではないか、と感じている人向けです。直感に従ったり、ハートに意識を向けたりしやすくなります。

秘めた想いを強力にアピールする力や、媚薬としての香りの使い方は、着物の時代が本能的に知っていたように感じます。日本の赤をオシャレに見習いたいですね！

別の角度から見ると、赤は血液の色でもあり、新しい豊かな生命を育てていくミッションのある色です。また輸血という形で、たくさんの人を救える奉仕の色でもあります。

これらは動物も一緒で、出産のシーンを観れば愛おしくなる色です。

赤という色はそれだけに子孫を残していく役割があり、男性には普段見ることのない血液が、当たり前に流れているとは思って欲しくありません。

血液に良い食べ物を大切にして、どんな形式の親子（里親や養子）や同性のカップルでも、強い意志を持って次の世代を育てていく、これからの世界において、赤の波動は象徴的な色だと感じ

ます。

4-3

色の波動

ピンクと黄色の波動

わたしは元気の無い人やうつ状態の人に「ピンクが嫌いでも、お願いだから着てください！」というアドバイスをします。え〜っという反応が必ずと言ってよいほど返ってきますが。

そうなんです。この色は幸せな・豊かな気分の時でないと、とても身に着けられない波動を持っているんです。

ピンクは幸せな状態の波動です。でも、自分自身を癒やしてくれる慈愛を持った波動でもあります。もともとあまり好きな色ではないという人にも、幸せや癒やしという波動がピンクを引き寄せます。その法則を逆手に取れば、うつ状態の人にとにかくピンクを着せたなら、自然と穏やかな気分になるということです。そして女性ならピンクメイクをして、男性ならベストやハンカチをピンクにするだけで、こころが平和になります。

わたしはこの方法で思いがけずにたくさんの人を救ってきました。

そしてピンクの波動を高めた色が黄色です。

ふわふわっとした幸福感を絶対的な幸せとして固定して、太陽の光のごとく放射する波動です。特にレモンイエローは波動が高く、見つけたら服でも小物でも買っておいてください。似合わない人はいないくらい、身に着けているあなた自身がまぶしいほど輝きます。

ピンクには、しみとおるような甘いバラのような、アロマのゼラニウムがお勧めです。気分を明るくさせてくれて、心身のバランスを整えてくれます。

黄色には、アロマではライムを相乗効果として使ってみるのもお勧めです。気分を常に明るく高め、リフレッシュ効果も抜群です。10mlのホホバ油にグレープフルーツ10、ライム2〜3滴をブレンドするだけで、周囲に与える影響も刺激的でやる気を起こさせてくれて、誰もが好む香りになります。

愛や周囲に対する気遣いが足りないなぁと感じる時には、レッド・チェストナットというバッチ・フラワーレメディをお勧めします。愛されることへの恐れや、小さな心配事が積もり、大きな心配事へと発展するような時に必要です。全てが良い形になっていくように祈れて、安心感を持てるようになります。カップに2滴垂らしてゆっくりと口に含み飲みましょう。桃のジュースやレモネードもお勧めします。

4-4

色の波動

グレーと
茶色の波動

グレーも茶色もグラデーションで使うと、こんなにオシャレな波動はありません。

ただし、単色で使うと平凡に周囲に溶け込み、隠れる波動に変化します。

例えば白から濃いグレーへのグラデーションをアイテムごとに身に着けた場合、モデルのようなしゃれた雰囲気をかもし出し、一目置かれることになるでしょう。

このシックな輝きの波動は雲の天体のようでもあり、神々しくもあります。アロマでは乳香油（フランキンセンス）がその精神面を映し出す香りに感じられます。茶色も同様に夏のオレンジ色から秋深いダークな茶色までのグラデーションはシックであり、紅葉の枯葉のように美しく映ります。そんな時には、アロマなら甘くスモーキーでウッディなジュニパーなどはいかがでしょう。嗅ぐだけで波動が上がると思います。

このふたつの単色の似たところは、大衆にまぎれて自分を隠す色という点です。

こんなにオシャレな色なのに、単色使いをすると安心して『隠れみの』にしてしまうのは、島国の日本だけではありません。どんな色とも合わせて着られるという同調感が、特に秋冬にはマフラーやセーターに現れるのでしょう。
　この感じを好む人は、ファッションや色にとらわれたくない、とりあえず服を着て行くタイプの人に多いように感じます。若い頃から年齢以上に見られる人はこのタイプです。

　そしてこの波動は温和で争いごとを好まないので、集団に向いています。
　特にアロマを身につけることもなく、目立たないように生活しています。

過去に生きるタイプの人はバッチ・フラワーレメディのハニーサックルを、とても疲れていて朝起きられないような人にはホーンビームを、2つの物事の板挟みになるパターンにはスクレランサスを、カップに2滴入れてゆっくりと口に含み飲んでください。あまりに周囲に溶け込んでいるので、誰もが悩んでいることに気づかないのが問題なのです。だから、自分の異変に気づいたら、早めに自分自身を守ってあげてくださいね。

そんなあなたからちょっとだけアップさせてくれる色は、グレーにはピンク、茶色にはオレンジです。アクセサリーだったり、ハンカチだったり、ほんのちょっと使ってみてください。

4-5

色の波動

青という波動

ジーンズから、制服・スーツの紺まで、青の波動はカジュアルと規律です。

もしも事務的な堅い職業の面接の時には濃紺をお勧めするように、濃紺には従属するという波動が強く表れています。アロマでは10mlのホホバ油に、こころを誠実にするシダーウッド10滴、1〜2滴のペパーミントのブレンドを試してみてください（シダーウッドは妊娠中は避けてください）。安定した中にもリフレッシュ効果が高いでしょう。ペパーミントの精油を3滴入れてよくかきまぜたアロマバスも元気回復にお勧めします。

クリエイティブな青の使い方は、明るい青色のプリントスカーフがお勧めです。またはジーンズに真っ白のワイシャツというニューヨーカースタイルも素敵です。またスーツの中に、明度の高い青いシャツを着用すると、全体の印象と波動がアップします。青は誠実という面がある一方で、変幻自在にオーロラのように変わる側面も持ち合わせています。

そんな一面を上手く使うなら、好青年・好上司の青のスーツやブルージーンズに合わせて、チェックやペーズリーなどの柄の物をエイプリールフールにプレゼントすると、途端に面白い場面になります。ジョークだとみんなに解らせれば、雰囲気も良くなりそう。そんな時には青にそぐわない甘い香り（アロマならイランイランなど）を漂わせてもあなた自身のチャーミングな演出になりそうです。

一般的には、長期にわたる頭脳労働で神経が疲労している時には、アロマならラベンダーをお勧めします。バランスを取る作用があるので、疲れている時には生き返らせてくれますし、神経質になっている時にはホッとさせてくれます。特に夜のラベンダー浴（ラベンダーを5滴程度入れてよくかきまわす）は定評がありま

す。

そして同じ間違いを繰り返し気味の人には、バッチ・フラワーレメディのチェストナットバッドをお勧めします。カップに2滴入れてゆっくり口に含み飲みます。毎日自分の観察ノートを付けて、自分自身を振り返ることが習慣になるといいですね。

5-1

アロマ（精油）の世界と
バッチ・フラワーエッセンスの波動

アロマ（精油）の世界と バッチ・フラワー レメディの波動

わたしは季節の花々が咲き乱れ、小さな草木や樹々が生い茂る祖母の庭で育ちました。だから自然界のエネルギーは、幼い頃からとても優しく感じていました。アロマテラピーという言葉に触れたのは1983年頃で、まだ洋書しかなかった時代でした。美しい写真と共に、英語辞典を引きながら惹きこまれていった日を、今でも覚えています。

大人になって、バッチ博士が、心身症の治療薬を花から得ることを思い立ったエピソードを知り、同じ感覚を持ちました。そしてわたしは実にさまざまな症状を抱えた方々へ、このアロマとバッチ・フラワーレメディという植物の恩恵をご提案してきました。

特にバッチ・フラワーレメディは、アロマのようになじみが無くても、水のように見えても、欧米では長い年月を重ねて、愛されて癒やされている植物のエネルギーだということを強調しておきます。

本書では、あくまであなたの愛と魅力に関係する代表的なアロマをひとつ、こころの魅力の相乗効果に欠かせないバッチ・フラワーレメディもひとつ選びました。アロマやバッチ・フラワーレメディの専門書さえ読む気力の無い時に、是非取り入れて欲しい

からです。誰もがそんな時があると思うんです。とてもおおざっぱなやり方でしたが、試す価値はあります。

そして必ず！　専門店からアロマやバッチ・フラワーレメディをお求めくださいね。

わたしはこれから、アロマもレメディも男性の必需品になると思っています。緊張の毎日に良いパフォーマンスを表現し続けるのなら、リラックスする時間とともにリフレッシュしなければなりません。短時間で心身ともに働きかけてくれる植物のエネルギーは、まさにライフスタイルになじんで欲しい習慣です。

アロマにしてもバッチ・フラワーレメディにしても、自らを癒やす、ということが出来たらなんて素晴らしいんでしょう！　リビングで、職場で、悲しみの淵にいても、あなたを支えてくれるからです。わたしはこんな素敵な世界を結び付けて、紹介できる喜びを感じています。

5-2

アロマ（精油）の世界と
バッチ・フラワーエッセンスの波動

うつ状態はベルガモットとレスキューレメディ

アロマのベルガモットは不安やうつ状態、神経の緊張に素晴らしい効き目があると感じます。波動は強く、いちずに精神安定作用を担ってくれて、不安や恐怖から身を守ってくれます。

涙がただただ流れてくるほどのうつ状態の時には、アロマを2〜5滴入れてよくかきまぜたアロマバスに入るのも、簡単でお勧めです。スイートアーモンドオイル10mlにベルガモットを4滴まで入れたブレンドオイルを、お風呂上りに足や手に塗るだけでも救われます。このブレンドオイルはベタベタしないのが特徴です。こんな時には是非使って欲しいです。

バッチ・フラワーレメディの中でも、特に緊急時に使われるのがレスキューレメディです。

ショックのため、恐怖とパニックに、苛立ちと緊張感に、とり乱すのではないかという怖れに、意識が遠のく感じに、取り敢えず4滴！　水やジュースなど飲み物に入れて飲むだけです。緊急時は受けたショックが薄らぐまで少しずつ飲んでください。常用するレメディではありませんが、わたしはこのとてつもなく強い波動は、どこの空間（職場や車内・病院やリビング）にも常備しておくと良いと感じます。

わたしは体調が良い時に専門店に出かけて、アロマやバッチ・

フラワーレメディを買い求めておきます。ため息をつきながらベルガモットを香らせる夜が、わたしにもあるからです。リビングや職場にはレスキューレメディがいつもあります。突如として起きる落ち込みや悲しみ・パニックの対処薬なので必ず定位置に置いておくんです。

とっさにレスキューレメディを手に取る時は一度や二度ではありません。

今は必要ないと思っているあなたも、必要になってからでは遅いと感じます。

目の前が暗くなった時に、専門店まで行く気力は残っていないからです。

　このアロマとレメディは、元気なうちに揃えて置くことをお勧めします。

　あなた自身で果てしない疲れと悲しみから、自分をすぐに救ってあげてくださいね。

5-3

アロマ(精油)の世界と
バッチ・フラワーエッセンスの波動

愛と優しさのネロリと
勇気と自信のミムラス

アロマのネロリの波動は、この上なく甘く優しい慈悲に満ちた香りで、あなたの心身を幸福感で満たしてくれるように感じます。またストレスとショックにも非常に価値があります。また、愛の表現が素直に出来るようになります。ネロリはオレンジ系の最高峰で高価なので、求められない人はプチグレンがお勧めです。香りこそネロリと比べてちょっと雑な感じがしますが、性質はネロリと似ているところがあります。ネロリは男性のアフターシェイブローションに1滴混ぜると自信が持てます。試してみてください。

そしてバッチ・フラワーレメディでは、対象のわかっている日常での恐れや不安感に、ミムラスをカップに2滴垂らしてゆっくりと口に含み飲みましょう。ミムラスの波動は、勇気と自信とに関連があるように感じます。日常での問題に直面する勇気を与えてくれるので、落ち着いて対処できるようになり、そんなあなたはとても魅力的に映ります。そして恐れが無くなれば、優しさや思いやりを表現できますよね。日々緊張感を持って仕事をこなすあなたには、最適の波動になると感じます。

わたしは10mlのスイートアーモンドオイルに4滴ネロリを垂らして、両手にオイルがなじんで温まったところで香りを嗅ぐのが

大好きです。疲れた一日の終わりに自分を癒やすということはこういうことか……と毎回感じるからです。自分自身を愛おしくなれる時間は女性にこそお勧めなんです。なかなか褒められることの無い人には、このアロマが自信を持たせてくれます。

そしてミムラスも、毎日の重くのしかかる家事や仕事の時こそ大切にしてみてください。

ゆっくりと口に含んで飲んでいるだけなんですが、ふと大丈夫と思えるようになるから不思議です。根拠の無い自信なんですが、

それでもこなせてしまう喜びの方が大きくて、気分がはずんだ状態でいられます。

ネロリやバラなどは、高価だなぁと思うとサッと棚に戻してしまう習慣があると思います。フェイスパックなどの即効性があり、すぐに鏡でビフォーアフターが確認できるものの方が、人気が高いのもうなずけます。

でも、波動百花ホリスティック的に言えば、身体とこころは、早く安くは治りません。

5-4

アロマ（精油）の世界と
バッチ・フラワーエッセンスの波動

爽やかな幸福感に
クラリセージとクレマチス

クラリセージは最も有効に幸福感を味わえるアロマです。こころと身体を活気づけて、生き生きとさせる力を持っています。同時にとてもセクシャルな雰囲気も併せ持っているアロマでもあります。そのため、若返ったような清々しい気分でいられます。波動は爽やかで、どこまでも透明な明るさを感じます。このアロマを使うと、何事も乗り越えられるという気持ちにさせてくれます。香りは甘いハーブ・フローラル調で、大半のアロマとブレンドできます。

わたしはクラリセージを、職場やリビングに置いて、とても疲れた時はすぐに香りを嗅ぎます。また旅行に行く時は、必ずと言ってよいほどクラリセージを持ち歩きます。

人生を愉快に楽しく生きるためには、このアロマは欠かせないからです。

気持ちが軽快になり、物事をこころから楽しめるようになれるからなんです。

バッチ・フラワーレメディのクレマチスは、現実の世界に無気力になった人や、バイタリティーが無くなった人に向いています。クレマチスの波動は常に現実に光があるという直線を感じます。毎日新しいことを発見する幸福感をもたらしてくれるからです。豊

かな創造性を発揮できるように、目的意識を持つようになるでしょう。わたしは今、現実に参加している！　という地に足が着いたような思考になり、まるで別人のようです。

わたしのところへ相談にみえる方の中には、良い知らせや好調の波がやって来ているのに、無関心な態度を取る人がいます。そのような場合、クレマチスをお勧めします。

クラリセージのアロマや緑色が入ったハンカチ、季節の食べ物（イチゴ、スイカ、柿、みかん）などを取り入れてもらって、ライフスタイル等を調整します。ひとたび波動が変わると日常のささいなことでも楽しめて、生き生きと毎日を過ごすようになり、こちらまで幸せな気分にさせてくれるんです。

そんな波動の変化を、クレマチスが担ってくれているのは感謝しかありません。

クラリセージは、男女とも嫌がる人でなければ、嗅いでもらったらいいと思います。

その場の雰囲気がクラリセージによって明るくなりますし、香りを分け合うのは豊かなことだと感じるからです。

5-5

アロマ(精油)の世界と
バッチ・フラワーエッセンスの波動

クリアで集中できる
ローズマリーと明晰さの
ホワイト・チェストナット

ローズマリーの波動ははっきりとした、真っ直ぐな集中力です。感情や情緒が揺れる時には、明確な思考と意識を強化してくれます。低血圧の朝にも有効で、朝の不機嫌を和らげてくれます。なにしろ脳を活性化してくれて、集中力と記憶力もアップさせてくれるなんて、忙しい人には最適なアロマです。

しみとおるようなフレッシュなハーブ調の強い香りが特徴です。わたしは更に新鮮さをプラスしたいので、ローズマリーと同量以上のレモングラスというアロマをブレンドして、香らせることをお勧めします。薬局で売っているエタノールをスプレー容器に移し、両方の精油をお好みで入れれば、あなただけの香水が出来上がります！　男性にもとても好かれる香りですし、さっぱりとするシャワーに似ています。

クリエイティブなあなたの魅力を更にアップさせてくれる鍵は集中力です。

バッチ・フラワーレメディのホワイト・チェストナットは、いつも悩みが消えることがない・ぐるぐるいろんな思考が回ってしまう人に向いています。波動は穏やかで、その強力な思考力を、建設的に使えるように導いてくれます。バスルームでリラックスしようとしても、日中の言い争いがまだこころの中に残っていたら、明日を笑顔で迎えられないでしょう。穏やかに過ごせて、和

を好み、澄み渡った思考で一日を過ごせたらどんなに効率的な毎日でしょう。

クリアな思考で集中して生み出したアイディア、そのアイディアが建設的に使えるのなら、わたしはこのアロマとレメディの組み合わせが、未来を創ると感じています。

お守りというよりも、ダイレクトに脳に効きますから、ひとつずつの問題に対しての解決策がふと浮かぶでしょう。わたしはこの組み合わせで困難を次々と対処してきました。

問題解決を難しくさせているのは、改善策があるか否かではなく、こころの問題なんですね。過去の経験から恐怖心が出て来たり、執拗に迷ったり。こころが過去と問い合わせをしてしまうのです。

是非、あなたのそばに置いて欲しいアイテムです。

6-1

魅力の波動

笑顔と幸せの波動

あなたは毎日、どれだけ意識して笑顔にしていますか？

職場で、家庭で、人と会う時に、素の自分を出していませんか？

『自然体』という言葉が流行りましたが、幸せになりたいのなら『笑顔』を作ることです。

笑顔はとても自然に笑顔を伝え、自分も、受け取った人も幸せにする反射の波動です。

資料をまとめる時も、突然の病気で苦しんでいる自分を想像してみてください。日頃の当たり前のことが、どれだけありがたいことでしょう。疲れた身体で野菜の下ごしらえをする時も、美味しくな〜れとささやくだけで笑顔になれます。

例えばペットなら、ただいま！　と帰るとひたむきに迎えてくれます。思わず笑顔になりませんか？　動物の習性だろう……と考える人はいないでしょう。ペットを撫でたり触ったりする。そんなことが、反射する光のように次々と笑顔を引き出してくれますよね。本来はこれが『自然体！』なんです。

そしてあなたから、波のように笑顔の波動が全方位に放射されたら、お金も人も寄って来るんです。笑顔が良い人は、明るく好印象な雰囲気がするので、誰もが一目を置く人になり、幸せな階

段を上っていくようになっているんです。これは植物を日の当たる場所で育てる方が、一般的には綺麗な花がたくさん咲く自然界の法則と一緒です。

物事にうんざりしてエネルギーが無くなった時は、アロマなら気分を明るくさせるオレンジをお勧めします。香りを嗅ぐだけで、スーッと笑顔になれるのが特徴です。消耗して疲れ切っている時には、バッチ・フラワーレメディのオリーブを2滴カップに入れてゆっくり口に含み飲みましょう。エネルギーを受け取ることを忘れてしまっている人にバランスを取り、穏やかにさせてくれます。なるべくこんな時はお菓子より季節の果物（イチゴ・スイカ・柿・みかん）などを摂ってください。

生きていれば、どうしようもなく笑顔になれない時もあります。

誰かの笑顔が煩わしく、まぶしく映る時もあるでしょう。

そんな時は、コンクリートのちょっとした揺らぎから雑草が生えて、小さな花が咲く時、ふと目を細めて顔がゆるむあなたになりましょう。駅までの道に笑顔のギフトはいっぱいあるはずですよ。

6-2

魅力の波動

思いやりの波動

さり気なく思いやりが出来る人って魅力的ですよね。

そんな場面を見ているのも素敵だし、自分にされたらこころがじ〜んとしてしまいます。

思いやりの波動は限りなく柔らかく感じます。

自分がされたら、誰か他の人にもしてあげたくなる不思議な波動でもあります。

思いやりって、こころと連動しています。

確かに自分のことで精一杯という時には、他人のことを気遣っている余裕は無いでしょう。そんな時はたくさんの思いやりを受ける時期なんです。ありがとうございます、と一日何度も頭を下げればいいし、時短料理と手抜き家事で済ませましょう。あなたの人生に良いも悪いも無いんです。ただ受け取る時期と与える時期があるだけです。

さて、あなたのこころが少しだけ安定して来ました。ちょっとだけ周りの景色も見えるようになりました。ふと観葉植物にお水だけ……を与えてはいけません。黙って耐えていてくれたんだから「ごめんね、忙しくて」と口に出しながら水をあげましょう。散らかった部屋やデスクの上にも優しい手つきで服をしまい、それぞれの場所へ移動します。

モノにはモノの固有の振動数がありますから、もっと丁寧にやれる時は「シャーペンさん、放り投げて痛かったね」「資料がごちゃごちゃで嫌だったね、デスクさん」とそっとつぶやきます。そんな振る舞いごっこがいつかは現実のトレーニングになるんです。

自分は最近、思いやりが無いなぁと思う時は『自分のこころが元気ではないから』なんです。無気力な時やこころに対して刺激作用を求めるのなら、アロマではピリッとして軽くスパイシーなコリアンダーを、バッチ・フラワーレメディのワイルドローズは豊かに生き生きとさせてくれます。是非カップに2滴入れてゆっくり口に含んで飲んでみてくださいね。

思いやりは「思いやってくれる人」を求めています。

プライバシーを思いやって、迷惑になったら……と思いやって、誰かに思いやりを押し付けていないかを思いやります。みんな自分のプライド優先の考え方です。

あなたは一歩踏み出す人になってくださいね。

断られてもこころは痛くも転びもせずに、あなたの思いやりを温かく包みます。

お礼を言われたら笑顔で挨拶しましょう。

6-3

魅力の波動

ほがらかな元気な波動

ほがらかな波動は誰かを癒やし、元気な波動は強力に周囲に伝わります。

ほがらかな赤ちゃんと言うよりも、元気な赤ちゃんと言いますよね。

赤ちゃんは生命の元なので、泣いても笑っても元気な波動を家中に与えます。

一方で、ほがらかな人はなんて魅力的なんでしょう。

「どうしたの」といつでも相談に乗ってくれそうです。

ほがらかな人はこころの安定を保つことに長けています。

ほがらかグッズとも呼べるような、いろいろな対処法を日頃から考えています。

もうお解りのように、生まれつきほがらかな人っていないと感じます。

だから無理して笑みを浮かべたりしなくてもいいんです。

痛みは苦痛をもたらすので、ほがらかな人はいろいろな対処薬を携帯しています。そう、賢いのです。アロマや室内香などを普段から使用している人もそうです。自分の機嫌は自分だけしか解らないので、せっせと自分の機嫌を取る行動をするんです。そうするとどうでしょう。気分が安定してほがらかになるんです。ただ行動と結果の法則だけです。

日頃ほがらかな人が、何かのリーダーになった時には、ほがらか元気になります。これは最強の波動です。ただ元気な人、というよりも思いやりや思慮があるからです。いつもほがらかな人には何でも相談も出来て、励ましてもくれるでしょう。そしてパワフルに元気な波動でリーダーシップを発揮すれば、たいていのことは上手くいくものです。

アロマなら不機嫌の特効薬のレモングラスをお勧めします。朝

に、香りを嗅ぐところから始めてみてください。目の覚めるようなレモンと草の香りは一瞬にして行動や機嫌を変えてしまいます。バスルームやリビングに必ず1本は置いておきたいアロマです。

バッチ・フラワーレメディならホワイト・チェストナットがお勧めです。気分に使われるのではなく、気分を上手く使って、創造的に利用するためのレメディなんです。過去の不機嫌な出来事に引きずられることなく、精神が澄み切ってくるようです。そして季節の果物（イチゴ・スイカ・柿・みかん）などに加えてヒジキ・ゴボウサラダ、新鮮な水を多めに摂りましょう。海の幸・山の幸を加えて。直感が冴えると思います。

6-4

魅力の波動

自分を表現して認められる波動

『自分らしさ』『自分探し』。
わたしはこの言葉に何も感じません。
わたしたちは社会の中で何かしら役目を持っています。
その役目のための「どうしたら認められ喜ばれるのか」という問いの答えは、献身という波動です。

自分がまず喜ばれることをするのです。求められてこそ自分を表現できるのですから。
その表現の癖を付けていくと、求められなくても、喜ばれることが出来る自分になります。
いつもいつも人に喜ばれることをするあなたは、それがあなたの標準になります。そして周りからは、気配りが良くて一緒に仕事をしたい人、に思われていきます。
献身的なんです。これが自分を表現して認められる波動だと感じます。

自分を表現していくには、どれだけ自分らしいか、という視点ではなく「どうしたら喜ばれるのか」を中心に表現していくことが大切です。結局は人と人のつながりです。相手に喜んでもらうためには……と常に考えるあなたに価値があり、そして実行していく。その表現の仕方は星の数だけあって、そこにあなたらしいパフォーマンスがあります。それが認められたら非常に嬉しいことですよね。

社会の中で表現するのなら、アロマならクラリセージを毛先に少し香らせながら仕事をすると、爽やかな空間をかもし出しますし、バッチ・フラワーレメディのロックウオーターも素晴らしい平和と理解をもたらします。カップに2滴垂らしてゆっくり口に含み飲みましょう。

『自分らしさ』や『自分探し』をしたい人は是非休日を使って行動してみてくださいね。

休日の朝のために季節の果物（イチゴ・スイカ・柿・みかん）などやベリー類も用意して、休日用のスペシャルなコーヒー・香りの良い紅茶に美味しいパンとお気に入りのバターがあるだけで幸せです。さぁ自分らしい一日を過ごしてみてください。和食も丁寧にあしらえたらなんて素敵！　そう考えるとワクワクするものです。自分らしさが表現できた朝には、自分探しもすーっと考えられそうです。前日の夜はラベンダー5滴入りのお風呂に入り、早めに寝てしまうのも良い準備ですね。

6-5

魅力の波動

ほめる波動・ほめられる波動

『ほめる』ということが苦手という人は多いでしょう。

ほめられて育ってこなかったし、だから他人もほめられない、というループに入ってしまうのは『愛されてこなかったから愛せない』というのと似ています。

でも『愛』という普遍的なテーマは別として、出来るんです！ほめることは。

感情移入しなくても、認めることが出来れば、ほめられるんです。

わたしは『ほめる』って思いやりの波動と感じます。『ほめられる』って思いやりを受け取る波動なんです。こうして両方が反射し合う波動なんです。

わたしたちはごく普通に音楽を聴いています。ポップス、クラシックから小鳥のさえずりまで。いつも感動的に歌い上げるミュージカルじゃなくてもいいですよね。

ほめるという波動もこれと一緒なのです。「いつも遅くまでやってくれるね」を棒読みに言ったって、こころが入ってなくても相手に聞こえればいいんです。

「感動的に伝えなくちゃ」と自分自身を反省したり、逆にほめられているのに「こころが入ってないよな」と不満を持って受け止

めていたり。感動的に熱く語らなければ『ほめた・ほめられた気がしない』と自己判断する感受性も問題だと思います。親からも感動的にほめられなかったから覚えていなかったのかもしれませんね。

ちょっとこころを澄ませてみれば「あれ、これほめ言葉？」と思い当たる時があるかもしれません。そして思いやりのこころだけでいいので、是非ほめましょう。アロマではジンジャーが各感覚を鋭敏にしてくれます。名前通りショウガ茶を飲むのもお勧めします。バッチ・フラワーレメディのエルムをカップに2滴垂らしてゆっくりと口に含み飲みましょう。試してみると良いかもしれません。エルムは自分自身への信頼と自信を与えてくれます。

ほめる・ほめられるということに照れ屋さんの人は「きっといい瞬間なんだ」とこころの中で思うようにしてみてください。本当に思いやりの波動はお互いを高め合う、最高に優しい波動です。

7-1

素敵な暮らしの波動

キッチン＆
ベッドの波動

キッチン＆ベッドは最高の贅沢な波動です。

わたしはひとり暮らしから家庭を持っても、キッチン＆ベッドを続けています。キッチンのなるばくそばにダブルベッドがあれば、食後に寝そべってそれぞれの時間を過ごす……大人も子供も一緒の贅沢なひとときです。男女ともに働く人が多いし、食事を囲んだそばから身体を伸ばしたいですよね。それが最高に贅沢な波動なんです。

インテリアショップに入るとすぐにダブルベッドのコーディネイトが置かれているのに、それをわぁ～素敵！　とはしゃいでいるのに、いつまで寝室は密かな奥の間として置かれているのでしょう。

我が家はお客様が来る時は、羽根布団をくるくると巻いて、端2つを洒落たカーテンロープで縛ります。これで長いロールクッションの出来上がり。シーツの上には大きな季節のテーブルクロスを掛けて、大中小のクッションに筒状のピローケースをいくつか置けば、ソファーの出来上がり。ベッド用の小さなアーム型のテーブルに、フルーツとシャンパングラスを置く頃には、最初はぎこちなかったゲストも気さくにソファーベッドに腰かけてなじんでくれます。ベッドがソファーに変身するまでにたった3分で

す！

大人も子供も忙しく、食事の時間もバラバラとなると、いつおしゃべりをしたり一緒に映画を観たりするんでしょう？　我が家のベッドの足元には大画面のテレビがあります。

週に最低1度は海外ドラマや映画をみんなでベッドで観ます。食事の後にキッチンを手早く片付けながら「何観る？」という話になり、スケジュール調整をして、楽しみにしている時間です。

それもこれも個室に向かうのは最後なんです。ベッドで寝そべっ

てストレッチをする人もいれば、スマホをずっとのぞき込む人もいて、居心地が良いんだと思います。

家庭の中の意思疎通に悩むあなたは、是非とも模様替えをお勧めします。

「いつまでもダラダラしていちゃダメよ」は禁句です！

料理するのも片付けるのもみんなでやれたら楽しいキッチンです。季節の果物を食べながらおしゃべりし、語らい合うテーブルは生き生きとしています。その感受性の育み以上の勉強やゲームは本当に必要なんでしょうか、今一度考えてみてくださいね。

7-2

素敵な暮らしの波動

家事は音楽と秒単位

どれだけ最小限な暮らしをしていても家事はつきものです。

家事はわたしにとってはテンポ感という波動です。

疲れている時は好きな曲をワイアレスヘッドフォンで聴きながら、一瞬で雰囲気を変えてくれるジャスミンを1滴髪にすり込みます。

洗濯物を畳む時やパリッとシーツを敷きたい時は、ポップス1曲分が3分位なので、分量によって曲数を変えて、曲が終わるまでにやってしまいます。小さなテラスには、ミントやオレガノ、レモンバーベナ等10種類以上のハーブが常にあるので、家事に疲れたらいくつか葉を摘んで、ポケットに入れて、葉をこすりながらブレンドして、香りを楽しみます。

ジムに行くようになって更に実感したのが、1、2、3、4と数を数えるとトレーニングが何とか出来てしまう不思議さ。これは家事に活かさないと、と考えて、うんざりすることを秒単位に変えたんです。それも何秒と決めて取り掛かると、1分以内にいろんなことが出来てしまうと気づきました。この時はダンスの曲の波動です。エタノールにスペアミントをお好みで入れると香水になり、活気づきたい時はミントの香りで爽やかにこなしてしまいます。

オーバーワークだった週にはバッチ・フラワーレメディのオークを、全ての面で疲れ果てている時にはオリーブを、判断や批判をし過ぎてしまう時にはビーチを。こんなふうに家事をしながらカップ2滴を口に含み飲んでバランスを取ることも、賢い時間の使い方です。

わたしはやりたい家事を2つ以上同時にやれないかな……といつも考えています。鳥の手羽元でスープのだしを取りながら、キッチン周りを拭いて、床の拭き掃除もやってしまおう！　とか。すると買う材料も変わってきて、作り置きが出来るメニューが増えて楽なんです。音楽・テンポ・秒数は、みんなそもそも波動なので、その波形にバラードを入れたり、思うように動かしてあげたりすると（ともすれば疲れる家事の時間が）拍子にあいづちを打っている内に、ダンスのように作業が進みます。

家事をテキパキこなしてしまうワザが雑誌になっていますが、ワザをいくら覚えてもこころのケアはどうですか？　そんな時にアロマバスはゆったりと包んでくれますよ。

7-3

素敵な暮らしの波動

波動と情報は全方位で

わたしだけが新聞派で、周囲は全員スマホから情報を取り入れています。

確かに通勤電車でその日のニュースを聴けますし、ちょっとした空き時間でも有効に使えるのがスマホの利点でしょう。自分の好きな分野だけ知ることが出来る喜びも、スマホの良いところでしょうが、そればかりになっていませんか？

波動は至る所で放射しているので、知識や知恵として全体を知っていた方がお勧めです。波動と情報は全方位なんです。

わたしはテレビやラジオ欄も「今、こんな内容が放送されているのね。この番組は再放送もされているのね」という興味津々の波動で見ます。ページによって教育や病気、歴史等さまざまなジャンルがあります。自分に関係が無くても目が留まった記事はさーっと読んで「何かある」と思えば切り抜きをしておきます。

株や為替、法律、宗教、政治関係も見たり読んだりします。

分野が違うから、そもそも仕事をしていないし、起業していないから……。

読まない理由はいくらでもありますが、読む理由はそこに『波動』があるからです。

ある時、国際結婚の末に離婚し、子供を日本に連れて帰った場合、面会をどうするのか……という新条約の記事が強烈に目に留まり、何度も読み返しました。どう考えても、わたしには関係の無い記事でした。

翌日、新規のクライアント様と初対面の時に、なんとこの新条約のことでの相談があり、わたしはスラスラと条約名を言ったので驚かれ、とんとん拍子にセッションが進みました。

次の瞬間に必要な波動が今、目の前にあるかもしれません。その時はさっぱり解らず、首をひねることが多いのですが、時代はすごいスピードで進んでいます。なんのことだろう？　と全方向にこころの扉を開いていた方が、チャンスを受け取りやすいと思います。

もしも、興味があるチャンネルだけを観ていたら、出会わないのです。

明日は何を見つけられるのか？　波動と情報は全方向がお勧めです。

7-4

素敵な暮らしの波動

旅の波動

わたしたちはカップルでの旅を楽しんで、それも個人旅行でしか行きません。
これは家族旅行になっても続いている我が家のスタイルです。
暮らすように旅をしたくて、ホテルに着いたらまず水の調達と花屋さんへ。
季節の花をテーブルに飾ったら、時間があればスーパーへ行きます。
お国柄が溢れている場所で、アイディアとセンスに溢れた海外の旅の始まりです。
そう、わたしにとって旅は冒険に満ちたラグジュアリーな波動なんです。

到着したホテルではウエルカムサービスでフルーツを置いてある場合が多いので、まずはカットした果肉をリキュールに漬けて、夜用のコンポートを冷やしておきます。ちょっとした大人のデザートの出来上がり。翌日は地元のマーケットへ行き、その国の服を調達して現地人化します。旅行先に合わせてブレンドした香水を身にまとい、なんて幸せ！　と何回も声に出すのが、波動をチューニングするとてもお勧めの方法です。

行きたい場所を決めたら、もう波動は上がっています。途中にあるカフェでくつろぐのもラグジュアリーな昼下がりです。
　雨でイベント自体がダメになった時は動物園へ！　面白いですよ。

　もちろん旅に行く時は辛い時、悲しい時もあります。そんな時はアロマならゼラニウムにラベンダーを混ぜた香水をブレンドしておきます。バッチ・フラワーレメディのホーンビームとオリーブを両方、2滴ずつ同じカップに入れてゆっくり口に含み飲みま

す。浅い呼吸が大きなため息に変わるだけでも、身体の緊張が違います。逆に南のビーチへ行く楽しい旅にはイランイランのアロマがお似合いです。

こうして自分の気分と行先の雰囲気とを考えて、香りをまとう習慣を身につけると、どんな旅でもラグジュアリーに過ごせるんです。そして不思議と冒険したくなるんです。わたしはいつも疲労回復のレメディのオリーブを、瓶ごと持って行きます。ロマンティックになりたい時は、二人とも髪にジャスミンの香りを付けて手をつないで散歩します。いつもハネムーン？　と聞かれますが、アロマの波動のおかげですね！

貯金は堅実な方法ですが、旅の思い出だけはお金に換えられません。

7-5

素敵な暮らしの波動

男と女の週末の魅力的な過ごし方

ひとり暮らしの週末は、とにかく自分がご機嫌になれば、過ごし方は何でも良いと思います。疲れていたら、一日中ベッドで暮らす週末もなんて魅力的！

ひとりでとても孤独になってしまったら、スマホの充電をしながらずっとLINEをしたり、迷惑はお互い様と考えて朝まで電話をしましょう。それが出来ないタイプの人は、ひたすら悲しい映画で涙を流しましょう。

夜明け前の闇の状態にはバッチ・フラワーレメディのスイートチェストナット、過去のショックやトラウマから来ているのかもしれない時は、スターオブベツレヘムを試してみるのもひとつの方法です。カップに2滴入れてゆっくり口に含み飲みましょう。

愛し合って家庭を持つと……幸せなんだけど、とにかく夫も妻も疲れています。その疲れた波動を中心に考えないと、とんでもない週末になります。夫が一番嫌がるのは「休日にせっせと家事をやる妻の姿」かもしれません。そして子供がいて晴れていたら最悪……公園にでも連れていかねばと二度寝を企んでいても現実は厳しい。魅力的な週末どころかもっと疲れる週末になります。

やはりなんとか、愛と魅力の週末を保ちたいですね。

家庭がある男女は『思いやりの波動』しかありません。思いやりの波動は自分に向けて、相手に向けて、互いに放射しているイメージです。

全てのスケジュールを『思いやり』で包みましょう。疲れている夫と疲れている妻が、次の週末をどう過ごしたいのか？　事前に話し合っておく優しい波動がいいですね。

柔らかい生成りかピンクのイメージです。色を浮かべながら素直に話してみてください。

妻だって休日に、がむしゃらに家事をやりたい訳ではないでしょう。平日に片付かないしわ寄せが、週末になだれ込んでしまうんです。

夫はどう理性的にサポートしましょうか？

リラックスさせてくれるアロマのサンダルウッドの香りがいいですね。

お互いに相手が笑顔になれる過ごし方を探してみてくださいね。魅力的な二人の姿です。

子供がいたらもっと週末を創っていかないといけません。

両方の親に子供を見てもらえるといいけれど、出来ない場合、友人知人に託せる関係だと安心ですね。夫婦を安定させ保っていくのは、長続きする結婚の秘訣です。

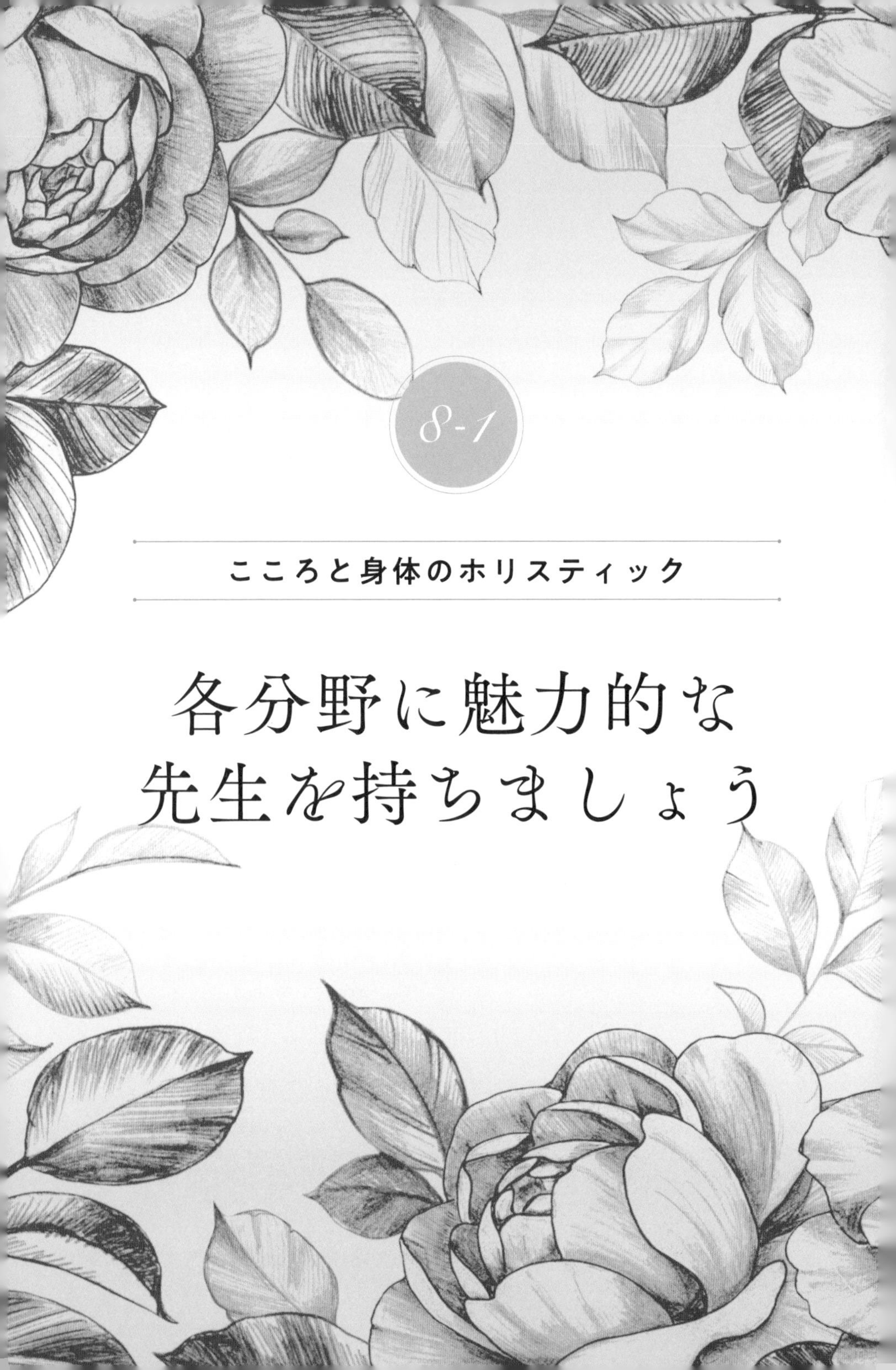

8-1

こころと身体のホリスティック

各分野に魅力的な先生を持ちましょう

わたしは胃腸などの総合的なかかりつけ医と、婦人科と精神科の両方を診られる医師、中国医学の医師、それに各科の専門医や鍼灸師にお世話になっています。

ずいぶんといるんだなぁ〜と思われましたか？　でも、風邪薬だけ出してもらえば済むほど、人間は出来ていないようです。

例えば、とても仲の良い婦人科の女医さんに「先生、更年期のメンタルも診られるお医者様、誰かいませんか？」と行くたびに相談して来ました。

「去年開業したいい先生がいるわよ！」。こうして何でも相談できる医師を持っていれば、教えてもらえるのです。同じ波動の人を引き寄せるので、わたしにとっては相性のいい先生ばかりになります。

わたしには抗生物質が強すぎる時があり、そんな時には鍼灸師の先生へ、そして漢方薬を処方してくださる中国医師の先生のもとへも通います。その他、歯科、皮膚科、耳鼻科等のその道のエキスパートの先生を探し、遠くても通っています。

そうなると、どの先生とも何十年のお付き合いとなり、わたしのデータを持っていてくださるので、とにかく安心なんです。特に精神科の理解のある先生は、ちょっと眠りが浅いなとか、人生

のどの時期でも相談に乗ってくださり、わたしの傾向も理解してくださるので、本当にありがたいです。精神科ってちょっと行きにくい。でも相性が合えばお勧めです。

わたしは不調があるたびに、魅力的なお医者様探しに夢中になります。健康が自慢の人でも、人生100年時代を楽しく生き延びていくには、相性の良い魅力的な先生が必要です。

そしてホリスティック医も探してみてください。ホリスティック単独でも、西洋医であるお医者様でも構いません。ホリスティックとは『包括的な・全体的な』という意味です。その他アロマやバッチ・フラワーレメディ、カイロプラクティック、心理カウンセラー等いろいろあります。知らなかったと知っているでは世界が180度変わっていきます。あなたも魅力的な先生を探しに行きませんか。

8-2

こころと身体のホリスティック

病気にとらわれ過ぎないで

小児白血病病棟の看護師の方が「病気にとらわれ過ぎないで欲しいんです。薬剤の治療も確かに効果がありますが、その子その子に恵まれた人生があると思うんです」というような発言をされていたことを印象的に覚えています。確かに兄弟がいても、病気の子供が入院していれば、その子中心に家庭が回っていくと思います。他の子供の文化祭や体育祭をお母様は観に行けないかもしれません。辛い治療だけが人生の思い出になる病気の子供もいることでしょう。

わたしはこの言葉から価値のある教訓を学びました。悩みや環境に至るまで、バランスを崩しているものを探して、リフレッシュするために必要なものを、常に揃えておくようになりました。アロマやバッチ・フラワーレメディ、病気の時のふわふわタオル、新鮮な水など。

風邪かな？　と感じた時には、スープカップに熱湯を注ぎ、アロマのユーカリ、レモン、ティートリーを2滴ずつ入れて、フードパーカーのフードを頭にかけて目を閉じて、5分間深呼吸。喉や頭痛に最適な漢方薬を飲み、飲む点滴とも言われる甘酒も飲み、ホカロンを首の真後ろに当たるようにタオルで巻きます。腰の上にも貼ります。そして日頃観れなかったドラマや動物のドキュメンタリー等をくつろいで観ると、翌日随分回復するものです。

まさに病気にとらわれないで過ごす特別な日になり、痛むところがあってもそれを越える感動的なエンターテインメントや、特別なライブを観れる風邪の日を準備しておけばよいのです。

苦痛に顔がゆがむ日でも、健康な身体の場所を探して「ありがとう」をたくさん言う日にしてしまいましょう。もちろん病院にも行ってくださいね。

気力と関係なく髪の毛も生えていてくれるのなら、アロマのネロリやラベンダー・ゼラニウムをホホバ油などに1〜2滴混ぜて毛先になじませます。残り香で爪先までマッサージします。それだけで少しは気分が良くなるから不思議です。

わたしはペットが長くそばにいてくれました。

でも、病院通いもとても多かったのです。手術室へも入りました。必死で生きようとする姿に立ち会えて。

病気にとらわれ過ぎないことは幸せ探しかもしれません。

8-3

こころと身体のホリスティック

言葉の波動が愛を生み出す

わたしは子供時代も広いお庭があって、家庭を持っても同じ広さの庭を創り出したので、いつも葉っぱと一緒の暮らしをしていました。

庭は一日一日変わっていくので、どこを見ても「ありがとう」と言っていました。

昨日の葉っぱが今日もあるとは思わなかったのです。自然を毎日受け止めていました。

つぶらな花のつぼみを見つけると、もう愛おしくて。

それは、ちょうど赤ちゃんが生まれて元気よく育つ頃でしょうか。生まれて来てくれてありがとう、と何度もつぶやいて、あれだけ感謝していたのに。

たった10年過ぎただけなのに、自分の部屋に引きこもり、親とは口もきかないなんて。

そんなお悩みをよく聞きます。

お互いに「ありがとう」「感謝しています」の文字を忘れてしまったみたいです。

『愛』はわからないので、言葉で伝えると光の粒子のようにパッと輝くみたいです。

どれだけ生まれて来てくれるのを待っていたのか。やっと会え

て『ありがとう』と言えたこと、パパと一緒に『感謝』したこと、ママは年中無休でも微笑んでいたこと、書き始めたら限りなくありそうです。忙しくて忘れてしまっただけなんです。その時、赤ちゃんは覚えていないんです。溢れるほどの『愛』に囲まれていたのに。いつ伝えましょうか？

そう、気づいた今がいいですね！　恥ずかしがらずに、柔らかい布をまとって。

親と子供の関係でなくても、観葉植物と自分であっても、言葉に出して「ありがとう」とつぶやくだけで、葉っぱは生き生きと伸びていきます。『愛の波動』をキャッチするからです。出会って家へ連れて来た時のドラマを、どれだけ嬉しかったのかを話しかけるのもいいですね。こうして『愛』を伝え続けてすぐ枯れる木を知らないです。

『愛』はあるけれど、宅配便のチャイムですぐ消えていくのも『愛』です。

こころにストックしているつもりだったのが、重なり過ぎると消えていくんです。

言葉で想いを語りましょう。『愛』の波動が伝わっていきます。

波動百花ホリスティックは授かってから出産、3〜4歳までの母親のこころの記憶をとても大事にしています。『欲』が出る前の、そして子供には記憶がない頃の記憶です。

どれだけ願うように祈り、大事にされていたのか、それだけで親子の関係が変わります。

8-4

こころと身体のホリスティック

薬・漢方薬・代替医療のお勧め

結論を言うと、どの分野の波動も大切でとても魅力的です。

子供時代は親に付き添われて、抗生物質の注射を何度も打ちました。

でも、抗生物質が身体に強すぎた時に、漢方薬が役に立ちました。

易しい漢方の本を読むと、面白いくらいに、わたしのことが書いてありました。

アロマやホメオパシーを独学で学び、鍼・灸を体験し、バッチ・フラワーレメディに出会いました。

幼い頃から霊性を大切に保ったまま大人になったので、わたしが雰囲気と呼んでいたものが『オーラ』や『波動』と呼ぶものになったことも、自然と受け入れていました。

薬には薬の飛びぬけて優れた波動があり、その空間を貫くような波動ゆえに、抗生剤の場合、体内の大切な菌まで殺してしまう特性も否めません。

漢方薬や鍼・灸にはあらゆる面から人間をサポートしてくれる波動を感じ、偉大なる恩恵を授けてくれますが、治療院に通うのが大変だったり、経済的にも手軽なものではなかったりするようです。

代替医療もユニークな波動をそれぞれに感じて、今までに感じたことの無い体験をもたらしてくれますが、忙しい時には即効性がどうかな……と考えてしまいます。

このように、どの医療も補完すべき何かがあり、自分の意思で他の医療とブレンドしても足りないくらい、人体とこころは複雑です。不思議なことに、いつも使っている言葉を変えるだけで、体調や運が良くなる人もたくさんいます。

例えば、不安だ→大丈夫　心配→なんとかなる、こんな置き換えだけでも、こころは明るくなっていく時もあるんです。

ある香りを嗅ぐだけで、ダイレクトに脳とこころは反応し合って、こころの奥の思い出をよみがえらせたり、気分や体調を変化させたりします。

スピリチュアルと呼ばれる霊性も、遥か昔から尊重されてきたことで、無くてはならない大切な分野でしょう。

気が向いた時に扉を開けて試してみましょう。何かが良くなれば、その時のあなたに合っている魅力的なギフトなんだと思います。

8-5

こころと身体のホリスティック

わたしの波動百花
ホリスティック！

わたしに次々と相談者が訪れた30年以上前から、わたしは質問することがたくさんありました。

「眠れていますか？　睡眠の質はどうですか？」「食べられていますか？　何を食べていますか？」「新鮮な水は飲んでいますか？どのくらい？」「相談できる友達はいますか？　親との関係はどうですか？」「職場や家庭の雰囲気はどうですか？」などなど。

「何を相談したいのですか？　悩み事はなんですか？」は当時は最後に聞いていました。全て紹介制だけでしたから、安心していられました。

眠れなくて食べられない人に、精神論を説くのは趣味じゃありません。

いつかは眠るのでしょうから、簡単に作れる栄養価の高いスープなど、帰り道のスーパーマーケットで買うものリストを一緒に作ったり、女性だったらお肌に良い材料を紹介したりするだけで、がぜん元気になる人もいました。

うつ状態の人には、嫌いでもピンクの色のスカーフ等、必ずピンクを身に着けてね、と声をかけます。色には波動があり、こころを助けてくれるんです。

部屋には色見本帳があり、女性用のメイク道具、男性用のスキンケア道具、50種類はある紳士用のネクタイやマフラー、アスコットタイがあり、全身を映す鏡があります。そしてアロマとバッチ・フラワーエッセンスの箱も。

相談の内容が深刻であればあるほど、ひとつやふたつのアドバイスでは溺れている人を丘まで誘導できません。まず浮き輪を投げて、キャッチする体力と気力を持っていただかなくては……そんなことを考えていました。

まず食事と水、そして睡眠を確保していただきました。直感のためにも、季節の果物をお勧めしました。

色や洋服・メイクの魔法と共に、アロマなどのエッセンスも同時に身につけていただきました。そしてこころのアドバイスもします。

こんな日々が『波動百花ホリスティック』と呼ばれる世界につながります。

地に足が着いていて、自然治癒力が巡っているみたいです。

季節の草花と共に香りの良い紅茶、素敵な場所で自己治癒能力を高めて、やわらかな対話で状況と感情を整理する。なるべく持続可能な旬の食べ物や果物を選び、水を飲み、眠れたら、肌も綺麗になります。帰り際の笑顔がとても魅力的になります！

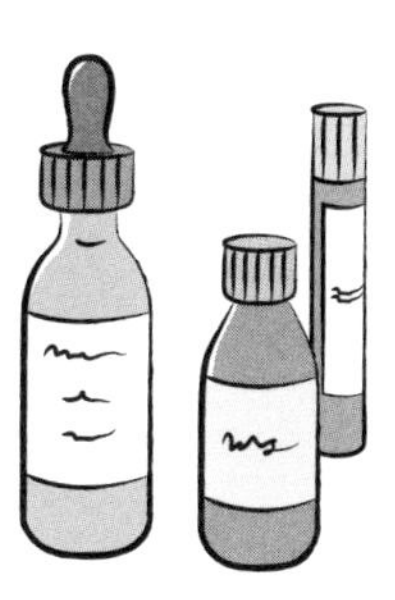

おわりに

悩みや問題は、答えを知ることだけが大事ではないと思います。
そのことがあるだけで、自分の暮らしやこころを整えて、新しい波動の自分になれるかもしれません。
『愛と魅力と波動』という見方で世界を眺めてみたら、お伝え出来ないこともたくさんあるほど、いろいろなアイディアが湧き出てきて、『波動百花ホリスティック』は更新中です。
アロマやバッチ・フラワーレメディはテキスト本が1冊手元にあるといいですね。
バッチ・フラワーレメディはペットや草花にも応用が出来るところも魅力的なんです。

この本を手に取って下さったあなたのこころが、とても自由になり、その喜びを、不自由な生きづらい人へ伝えてくれると、感謝しかありません。
こころは時にとてもよわく、さびしくなるので、支え合うようになっています。
言葉だけではなく、全方位的にやり方があるので、試してみてくださいね。

今回はアロマとバッチ・フラワーエッセンス（花療法）を結び付けてご案内しています。

わたしの生き生きとしたリアルな論理と抱きしめたくなる愛の花療法を学んで、世界中で『波動百花ホリスティックカウンセラー』が、花のように広がって活躍してくれることを祈って楽しみにしています。

『ShyShyの波動百花ホリスティック』の詳細

——季節の食べ物と花に囲まれ、香りや雰囲気を大切にして、五感をみがいて再生する。優しく丁寧な会話の中で、霊性も含めて優しく論理的に考えることで、今度は自分が誰かの話を聞いてあげられる——リアル過ぎるほどの具体的な次の一歩をご案内しても嫌われない、やわらかなこころの循環的な持続可能性。

- 会話は優しく丁寧に
- 庭にハーブを植えましょう
- 一緒に乗り越えましょう

- 楽器があれば弾きましょう
- 相性の合う人を探して持続可能な関係を
- アロマの専門店で買い物しましょう
- 素質を大切にして魅力を創りましょう
- 会話は尊いもの―お互いが忘れずに

ShyShyのホリスティックセッションの一例

【60分セッションの場合】

最初の約10分弱で、相談者の悩みとセッションに期待する事柄を聞く。処方薬の有無、関係者の立ち位置&関わり方、現状を詳しく聞いて、置かれている状況を一緒に再確認していく。いつまでにどんな自分になりたいか、いつまでに悩みを解決したいか、など。

次にホリスティックな質問をいくつかする。食欲や睡眠はどうか、相談する誰かはいるか、家や職場などの環境はどうか、色や香りメイクはどんな感じが好きか、ここまでで約15分程度。わたしはしませんが、相談者と合意の上なら短いメモをするのも有りです。残り45分で、相談者が期待するゴールに向けて、考え方の変更や、良い環境をいざなう精油、バッチのフラワーレメディ、季節の食べ物・花・水・色などのご紹介。残り5分で今日のセッションで得たことのおさらいをして愛をそそいで見贈ります。

今、わたしはスピリチュアルソングを作って配信しています。

スピリチュアリストがリアルな歌詞をポップスに乗せて歌うのは、とても素敵です。

解りにくい概念や言葉も、音楽で伝わるってすごく魅力的！

アーティストとしても活動していきます。

どうぞ応援してくださいね。

あたたかく見守って下さった小川会長、わたしのエッセンスを大切にして下さったセンシティブな編集長の小田さま、とってもキュートな二階堂さま、本当にありがとうございました。

ShyShyこと、春原 靖子

春原(すのはら) 靖子(やすこ)（ShySh(しゃいしゃい)y）

profile

波動百花ホリスティックカウンセラー
国立音楽大学ピアノ科在学中よりレコーディングに携わり、その醸し出す魅力で待ち時間に多くの人から恋愛相談を受ける。多角的なものの見方や的確なアドバイスから、「相談料を払いたい」と言われ、クライアントが料金体系を作成してくれたことがきっかけで、波動百花ホリスティックカウンセラーとしてデビューを果たす。

以来30年間、セッションのクオリティの高さと人間的な信頼から、「紹介のみ」で個人セッションが続くようになり、大企業の会長・社長、クリエイターなど、ジャンルを超えた相談者や心身ともに傷ついた人を確実に笑顔に導く。一方、ライブ活動・YouTubeで波動百花ホリスティックな世界観を発信し、延べ3000人以上の人々に影響を与えている。

アロマセラピー、ウエディングやインテリア、その限りを超えた空間のデザインやコーディネート、ヘアメイクやファッションなど、持ち前のセンスをあらゆる方向へと広げ、多角的・多面的なサポートを相談者へ提供している。個人セッションを受けた人の多くが10年以上継続しており、30年以上の人も多数。現在は、波動百花ホリスティックカウンセラーの養成にも力を注いでいる。

ホームページ
https://shyshy-style.com/

本文デザイン・DTP／a.iil《伊藤彩香》
装丁／冨澤 崇（EBranch）
校正／あきやま貴子
イラスト／門川洋子
編集／小田実紀

本書のご注文、内容に関するお問い合わせは
Clover 出版あてにお願い申し上げます。

愛と魅力を引き寄せる波動百花

初版１刷発行 ● 2024年２月20日

著者
春原 靖子（すのはら やすこ）

発行者
小川 泰史

発行所
株式会社Clover出版
〒101-0051 東京都千代田区神田神保町3丁目27番地8 三輪ビル5階
Tel.03(6910)0605 Fax.03(6910)0606 http://cloverpub.jp

印刷所
モリモト印刷株式会社

ISBN978-4-86734-201-5 C0011